小篮球 大梦想

小篮球运动
基础技术动作规范
指导手册

中国篮球协会 编著

新华出版社

图书在版编目(CIP)数据

小篮球运动基础技术动作规范指导手册 / 中国篮球协会编著.
-- 北京：新华出版社，2021.10
ISBN 978-7-5166-6044-7

Ⅰ.①小… Ⅱ.①中… Ⅲ.①青少年－篮球运动－运动训练 Ⅳ.①G841.2

中国版本图书馆CIP数据核字（2021）第193735号

小篮球运动基础技术动作规范指导手册

编　　者：中国篮球协会

责任编辑：杨　静　丁　勇　　　　版式设计：张其乐　张济鹏

出版发行：新华出版社
地　　址：北京市石景山区京原路8号　　邮　　编：100040
网　　址：http://www.xinhuapub.com
经　　销：新华书店
　　　　　新华出版社天猫旗舰店、京东旗舰店及各大网店
购书热线：010-63077122　　中国新闻书店购书热线：010-63072012

照　　排：北京鼎元创世文化传媒发展有限公司
印　　刷：三河市君旺印务有限公司
成品尺寸：170mm × 230mm　1/16
印　　张：7.5　　　　　　　　　字　　数：10千字　200幅插图
版　　次：2021年11月第一版　　印　　次：2021年11月第一次印刷
书　　号：ISBN 978-7-5166-6044-7
定　　价：59.80元

版权专有，侵权必究。如有质量问题，请与出版社联系调换：010-63077124

《小篮球运动基础技术动作规范指导手册》编委会

主　　任　姚　明

副 主 任　许闽峰

编委会成员　曹燕飞　宫　彬　张　隆

主　　编　刘永峰

副主编　宋占军　史红亮

编　委　刘焕然　马　伟　闫俊涛　田　涛
　　　　卢钦龙　徐昶楠　鲁志民　张首文

小篮球 大梦想

前　言

尊敬的小篮球教练员及爱好者们：

也许你是一名小篮球教练员，正积极探索如何成功执教小篮球技术教学与训练，迫切提高小篮球技术的执教能力和技巧；也许你是篮球俱乐部的组织管理者，正试图掌握小篮球运动技术的规律和特点，更好地服务小篮球技术教学与训练；也许你是一名小篮球运动员，为了提升自我的篮球运动技术水平，寻找行之有效的教学训练方法和手段；也许你是一名篮球爱好者，抱着对小篮球运动的痴迷和执着，探索小篮球技术习得的真谛……

读者朋友们，不管你抱着何种目的，非常高兴你选择了这本书。我们坚信通过这本书的阅读，能促使你对小篮球基础技术动作规范的全面理解和认知，提升小篮球技术教学与训练实践，进而推动我国小篮球运动的普及和推广，厚实以青少年儿童为根基的篮球人口。

在篮球技术学习的早期阶段或少儿阶段，除了培养兴趣之外，技术动作规范是十分必要的。本书在总结和借鉴国内外小篮球技术教学与训练的基础上，契合小篮球参与者的身心特点与篮球技术的习得规律，以小篮球基础技术动作规范指导为主要内容，突出内容的针对性、科学性、实用性、时代性、易读性，突破传统的以文字描述为主，向直观图片和视频素材的转变和升级，满足小篮球技术教学与训练的多元需求。

本书与《小篮球教练员指导手册（7—12岁）》和《小篮球运动图解》有机衔接，拓展了小篮球运动教学与训练用书，逐步形成配套的小篮球教学用书系列。

本书存在的不足之处，敬请各位读者朋友提出宝贵意见和建议，力争在后续的研究中不断完善和丰富。

中国篮球协会
2021年10月12日

CONTENTS 目录

第1章 小篮球运动基础技术动作规范概述　01

制定小篮球运动基础技术动作规范的目的 ………… 02

制定小篮球运动基础技术动作规范的必要性 ………… 04

第2章 小篮球运动基础移动技术动作规范　07

进攻"三威胁"技术动作规范 ………… 09

急停技术动作规范 ………… 12

转身技术动作规范 ………… 17

防守基本姿势技术动作规范 ………… 21

侧滑步技术动作规范 ………… 25

前滑步技术动作规范 ………… 28

后滑步技术动作规范 ………… 30

后撤步技术动作规范 ………… 33

交叉步技术动作规范 ………… 34

第3章

小篮球运动基础运球技术动作规范　37

高、低运球技术动作规范
· 38

体前变向运球技术动作规范
· 43

胯下运球技术动作规范
· 44

转身运球技术动作规范
· 46

背后运球技术动作规范
· 48

第4章

小篮球运动基础传接球技术动作规范　51

双手胸前传球技术动作规范
· 52

双手头上传球技术动作规范
· 56

双手击地传球技术动作规范
· 58

单手胸前传球技术动作规范
· 63

单手体侧传球技术动作规范
· 65

单手肩上传球技术动作规范
· 66

双手接球技术动作规范
· 69

单手接球技术动作规范
· 70

第5章 小篮球运动基础投篮技术动作规范　73

原地双手胸前投篮技术动作规范　74

原地单手肩上投篮技术动作规范　78

行进间高手投篮技术动作规范　82

行进间低手投篮技术动作规范　86

跳投技术动作规范　88

第6章 小篮球运动基础突破技术动作规范　93

原地交叉步持球突破技术动作规范　94

原地顺步持球突破技术动作规范　98

第7章 小篮球运动基础抢篮板球技术动作规范　101

抢防守篮板球技术动作规范　103

抢进攻篮板球技术动作规范　105

★ 特别感谢张智涵、杨赞、沈昊雯、张沐秋阳四名小篮球运动员配合图片拍摄和视频录制。

MINI
BASKE

第 1 章

小篮球运动基础技术动作规范概述

制定小篮球运动基础技术动作规范的目的

篮球运动以独特的价值和魅力深受广大青少年儿童喜爱。为了大力推广小篮球运动，2017年11月中国篮球协会启动了小篮球（12岁及以下）项目，面向全国开展小篮球联赛，小篮球运动的社会价值、经济价值进一步凸显，引起国家、社会、学校的高度重视。

目前，我国小篮球运动尚无基础技术动作规范的要求，导致在小篮球技术的传授中差异明显。为了科学推广和普及小篮球运动，让参与者们认识到小篮球运动基础技术动作规范的重要性，提高小篮球运动基础技术的动作质量，保证小篮球运动健康、有序和可持续发展，中国篮球协会青少部小篮球课题组认真总结实践经验，参考有关国内外篮球技术动作资料并结合业内专家意见，编制了《小篮球运动基础技术动作规范指导手册》（以下简称《手册》）。

《手册》遵循青少年儿童的身心发展、运动技能形成及篮球运动发展等规律，遴选了符合该年龄阶段特点的基础技术动作，旨在为我国执教小篮球的体育教师、教练员及热心篮球运动的家长提供指导；为小篮球队员自我学习，建立正确的技术概念，形成正确的篮球技术动作定型提供有益的参考。

篮球运动属于以技能为主导的同场对抗性项目，技术技能又属于非周期的开放性运动技能，正确处理基础技术动作规范与个体差异、实际应用之间的关系尤为重要。

（一）正确处理技术动作规范与个体差异之间的关系

所谓的技术动作规范是一种理想的、相对的技术动作模式，是将许多优秀运动员的共同特征集中起来进行的最具有代表性的描述。篮球技术动作规范可为青少年儿童参与初级技术训练提供一些准则，为小篮球技术教学训练指明基本方向。

青少年儿童都有自己的个性和特点，该年龄阶段技术训练的目的不仅在于掌握技术当中的重要环节，同时还要保持个人的风格和特点。掌握基础技术动作规范与个性发展并不矛盾，二者之间相互影响。

（二）正确处理技术动作规范与实际应用之间的关系

在篮球运动中技术的"应用性"是最为关键的因素，是比赛制胜的核心。如果过分拘泥于技术的规范，而脱离比赛场景、脱离技术运用、脱离攻守转换，技术规范就失去篮球运动本身的意义。但是技术的"应用性"在很多情况下，不仅由技术的规范所决定，还由运动员的个人技术特点所决定。特别是针对青少年儿童阶段，注重技术动作的规范化训练应与比赛应用相结合，这对技术的掌握是极其重要的。

其实，技术规范也是在比赛实际应用中提炼出来的，其本身具有一定的实用性，只不过在执教过程中诸多小篮球教练员的执教理念出现了偏差，脱离了比赛情景，使技术显得华而不实。

《手册》着眼于小篮球基础技术动作发展的需要，以图片、视频为主要展现形式，对小篮球运动基础技术动作规范进行详细解读，力求满足广大小篮球从业者的理论和实践需求。

PART 1　制定小篮球运动基础技术动作规范的必要性

🏀　家长对青少年儿童篮球技术动作指导需要规范。

🏀　社会培训机构对青少年儿童篮球技术指导需要规范。

MINI
BASKET

第 2 章

小篮球运动基础移动技术动作规范

PART 2

正面

双手持球,目视球篮和防守对手。随时做投篮、运球、传球动作。

✓ 正确动作

持球于体侧,处于髋关节与胸腹之间,投篮手置于球后部,手腕后屈并屈肘。另一手,在球的一侧护球。

两脚间距比肩略宽,上身自然伸直,保持重心。目视前方,保证能够眼观全场。

进攻「三威胁」技术动作规范

移动技术动作规范

侧面

背部挺直，不要过度前倾。

持球于投篮侧，膝关节微屈，重心在两脚之间。

POINT 动作方法

"三威胁"姿势是进攻准备姿势的变通，队员接到球后面对球篮，可做投篮、传球和运球突破三种选择，对对手构成威胁。投篮手放在球的后上方，非投篮手放在球的一侧，肘部外展，双手处于投篮状态，持球于胸腹部位。与投篮手同侧的脚比另一只脚稍微前站一点，便于投篮时身体保持平衡，眼睛目视前方。

PART 2

运用提示

一般运用于队员接球后，面对球篮和防守对手时。能够随时做投篮、运球或传球的攻击姿势，使对手难以判断，有助于施展攻击技巧。

正确动作

PART 2

移动技术动作规范

急停技术动作规范

POINT 动作方法

队员在移动过程中，先跨出一大步，用脚跟先着地过渡到全脚抵住地面，并迅速屈膝，同时身体微向后仰。然后再跨出第二步，脚着地时，脚尖稍向内转，用前脚掌内侧蹬住地面，两膝弯曲，身体稍有侧转，微向前倾，重心移到两脚之间，两臂屈肘并自然张开，控制身体平衡。

第一步跨步大，身体稍后仰。

扫描二维码
观看规范动作演示视频

运用提示

常用于快速移动中，为摆脱防守或控制对手，可迅速与其他技术动作衔接。

跨步急停

③

屈膝降重心

④

⑤

脚跟先着地，过渡到全脚抵住地面。

第二步脚着地时，脚尖稍向内转，用前脚掌内侧蹬住地面，重心移到两脚之间。

PART 2

跳步急停

① ② ③

上体稍后仰

可用单脚或双脚起跳。

POINT 动作方法

队员在移动过程中，用单脚或双脚起跳（一般离地面不高），上体稍后仰，两脚同时平行落地，落地时全脚掌着地，用前脚掌内侧蹬住地面，两膝弯曲，两臂屈肘微张，以保持身体平衡。

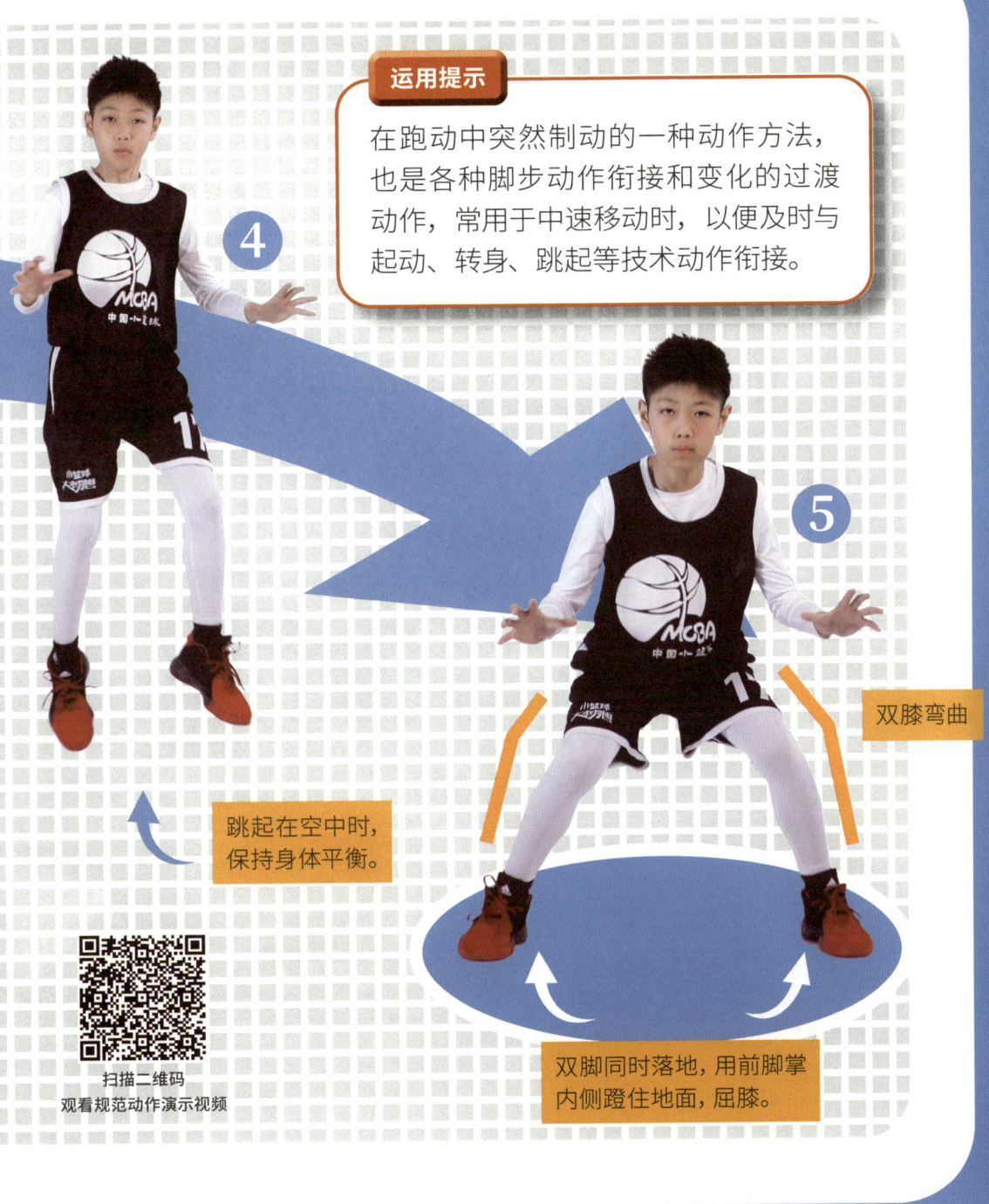

运用提示

在跑动中突然制动的一种动作方法,也是各种脚步动作衔接和变化的过渡动作,常用于中速移动时,以便及时与起动、转身、跳起等技术动作衔接。

跳起在空中时,保持身体平衡。

双膝弯曲

双脚同时落地,用前脚掌内侧蹬住地面,屈膝。

扫描二维码
观看规范动作演示视频

PART 2

前转身

① ②

转肩

用移动脚前脚掌蹬地。

中枢脚前脚掌用力碾地。

POINT 动作方法

移动脚的前脚掌蹬地，同时中枢脚以前脚掌为轴用力碾地，向中枢脚脚尖方向转动，通过蹬地、转跨，上体随移动脚移动，以肩带动向前，改变身体方向。

扫描二维码
观看规范动作演示视频

转身技术动作规范

移动技术动作规范

将球置于身体胸腹之间，转身时，观察防守人的位置和反应，强调观察和阅读比赛能力的培养。

运用提示

一般用于有效摆脱对手，创造抢位、传球、投篮等机会，多与急停、跨步、持球突破、跳等技术动作相结合。在原地持球中运用比较广泛。

屈膝、重心在两脚之间。

运用提示

无球时，通过后转身来摆脱防守或抢占位置；运球过程中，待防守对手靠近或贴身时，通过转身来突破对手。常与传球、投篮、突破等技术动作结合。

① ②

前脚蹬地

中枢脚前脚掌用力碾地。

扫描二维码
观看规范动作演示视频

后转身

转肩,上体随跨步脚移动。

重心平稳,不要上下起伏。

POINT 动作方法
中枢脚前脚掌用力碾地,移动脚蹬地,向中枢脚后进行弧形移动,同时转胯转肩向后改变方向。蹬跨有力、转身要快,保持身体平衡。

PART 2

✅ 正确动作

重心过高

正面

❌ 错误动作

双臂下垂

POINT 动作方法

两脚左右开立或斜前站立，两脚间的距离略比肩宽，全脚掌着地，重心放在两脚之间。两膝保持弯曲，上体微向前倾。根据所防守对手的情况，两臂侧平举，两眼平视，观察场上情况。

防守基本姿势技术动作规范

移动技术动作规范

POINT 动作方法

两膝微屈，躯干挺直，注意力集中，张开双手干扰对手的控球和投篮。

侧面

- 抬头观察
- 背部挺直
- 膝关节弯曲
- 双脚分开略比肩宽

✓ 正确动作

运用提示

比赛中面对进攻队员常用的一种防守姿势，可根据场上对手、位置、空间等情况，及时调整与对手的距离、角度、手臂位置等。

运用提示

防守距离球较近的对手时，应采取"阻断式"站位，身体面向对手，脸部侧向球的斜前站立姿势。靠近球侧的手、脚在前，屈膝，重心下降于两脚之间，封堵对手的传接球路线。

强侧防守

POINT 动作方法

伸近球侧的右侧手臂，掌心向球、拇指向下，封堵传球路线，干扰接球，根据对手移动随时调整姿势。

面向球的方向

余光监视对手

弱侧防守

面向球,身体侧向对手,两脚开立两腿微屈。

运用提示

当防守距离球较远的对手时,为了便于人球兼顾和协防,经常采用面向球,身体侧向对手的姿势,两脚开立,两腿微屈,两臂伸于体侧,靠近球的手掌心向着球,密切关注球、人的位置,随时调整自己的防守位置,以便随时处于防守有利位置。

PART 2

① ②

前脚掌内侧先蹬地

跨出有力

扫描二维码
观看规范动作演示视频

POINT 动作方法

两脚平行站立，两膝弯曲，两臂侧伸。向左侧滑步时，右脚前脚掌内侧蹬地，左脚向左跨出，落地的同时，右脚紧随滑动，向左脚跟进，两脚保持一定距离，右脚蹬地，左脚继续跨出。滑步时，要保持屈膝低重心的姿势，身体不要上下起伏，重心保持在两脚之间，眼睛注视对手。

侧滑步技术动作规范

移动技术动作规范

运用提示

侧滑步是比赛中限制对手运球、突破、移动等常用的防守脚步动作。根据进攻队员的表现，多与前滑步、后滑步、后撤步、交叉步等组合运用。

③

④

紧随滑动

两膝弯曲

PART 2

侧滑步

双手打开

抬头目视前方

正确动作

双膝弯曲

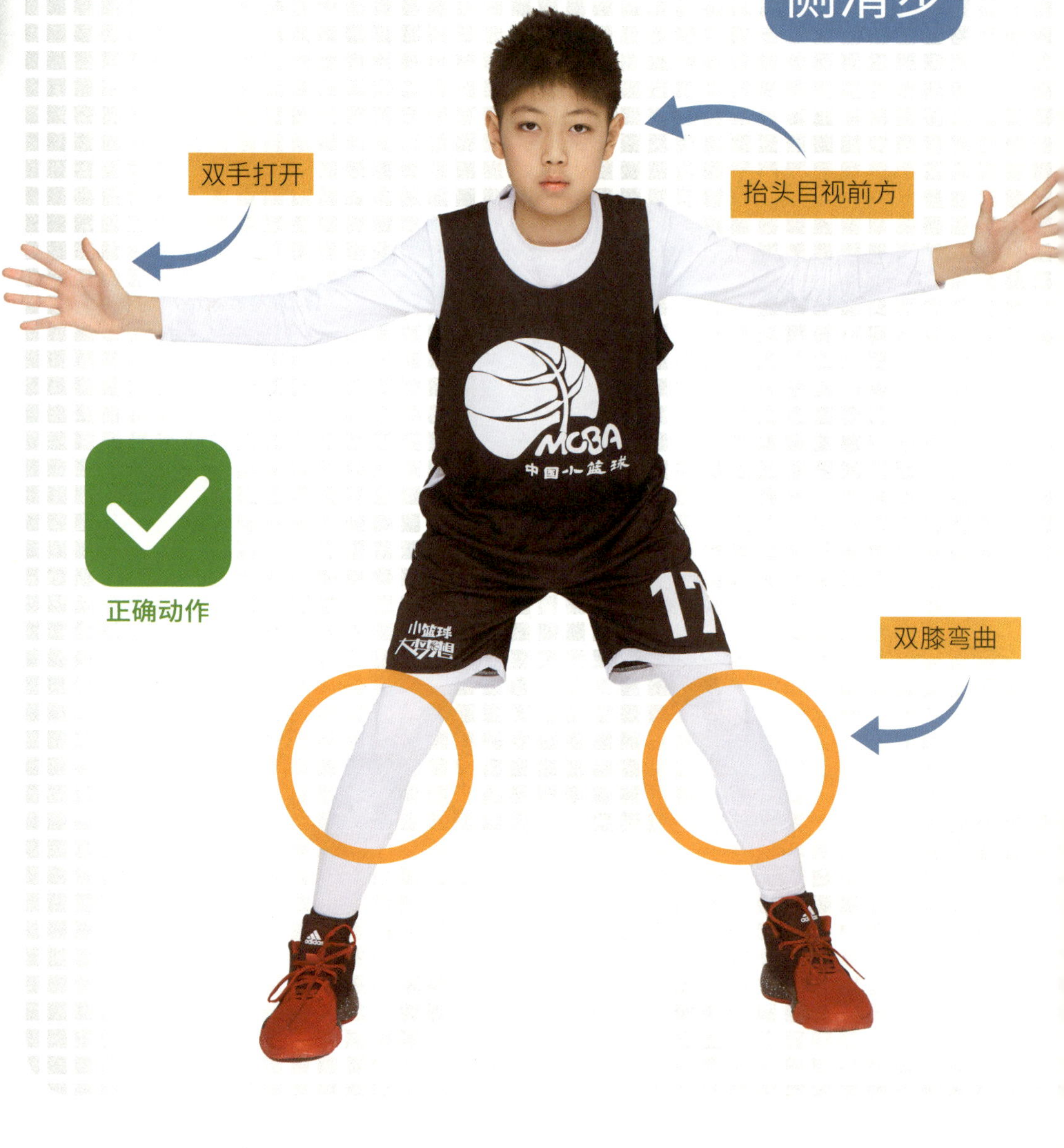

PART 2

移动技术动作规范

前滑步技术动作规范

手臂上扬，干扰投篮。

向前跨步迈出

后脚蹬地发力

① ②

抬头目视前方

⑦

POINT 动作方法

进攻队员向后移动时，防守队员要通过前滑步来限制其进攻。双膝弯曲，重心降低。双腿前后站立，略宽于肩。前侧脚的同侧手臂上扬，干扰投篮。后侧脚蹬地发力，前侧脚向前迈出，落地的同时，后侧脚向前跟进。

28

运用提示

前滑步是比赛中限制对手投篮、运球突破等常用的防守脚步动作。根据进攻队员的位置和移动变换,多与后滑步、后撤步、交叉步等组合运用。

紧随滑动,重心平稳

扫描二维码
观看规范动作演示视频

PART 2

移动技术动作规范

后滑步技术动作规范

POINT 动作方法

向后滑步时，双膝弯曲，重心降低，双脚前后站立，略宽于肩，前侧脚的同侧手臂上扬，封堵投篮。当向后移动时，前侧脚蹬地，后侧脚向后跨出，落地的同时，前侧脚向后跟进。

① ②

手臂上扬，干扰投篮。

前脚蹬地

扫描二维码
观看规范动作演示视频

30

运用提示

常用于堵截对方的移动路线，调整自己的防守位置。

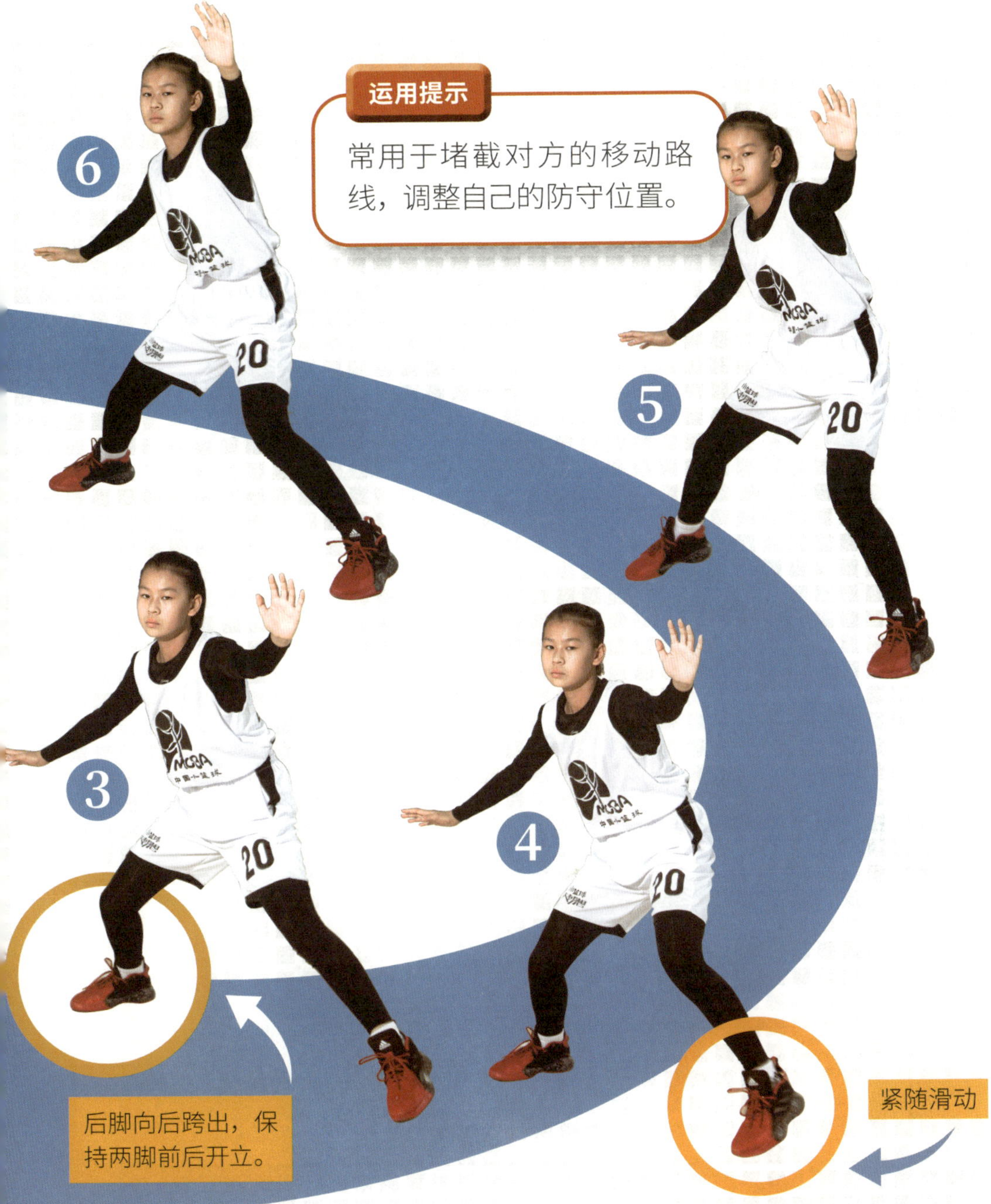
6
5
3
4
后脚向后跨出，保持两脚前后开立。
紧随滑动

PART 2

①
② 扭腰转髋要迅速
前脚掌内侧蹬地

运用提示

队员为了保持有利位置,当进攻队员向自己前脚外侧持球突破或摆脱时,常用后撤步移动堵截,一般与滑步、跑等技术结合运用。

后撤步技术动作规范

移动技术动作规范

POINT 动作方法

撤步时,用前脚掌内侧蹬地,腰部发力向后转髋,前脚后撤,同时后脚的前脚掌碾地。当前脚后撤着地后,保持身体平衡与防守姿势,后撤角度不宜过大,身体保持平衡。

③

④

后撤有力,保持身体平衡,身体不起伏。

扫描二维码
观看规范动作演示视频

交叉步技术动作规范

PART 2 移动技术动作规范

POINT 动作方法

比赛中如遇到对手移动较快或防守失位的情况，通常使用交叉步来追击对手。以向左交叉步为例：在滑步防守过程中，右脚用力蹬地，大腿带动小腿向左，从左腿前侧迈一大步，同时向左转髋，右脚落地后直接蹬地发力，带动左脚向左跟进。

①

运用提示

一般防守进攻队员的移动速度较快，滑步跟不上防守对手时采用的防守脚步。通常与侧滑步、前滑步、后滑步、后撤步等组合运用。

扫描二维码
观看规范动作演示视频

第 3 章

小篮球运动基础运球技术动作规范

PART 3 运球技术动作规范

高、低运球技术动作规范

POINT 动作方法

高运球时膝关节微屈，抬头观察场上情况，运球以肩关节为轴，上臂带动前臂，用手指拍按球，把球的落点控制在身体侧前方。手脚协调配合，运球时，球反弹的高度在腰、胸之间。

错误动作
低头未目视前方

错误动作
球离身体太远

高运球

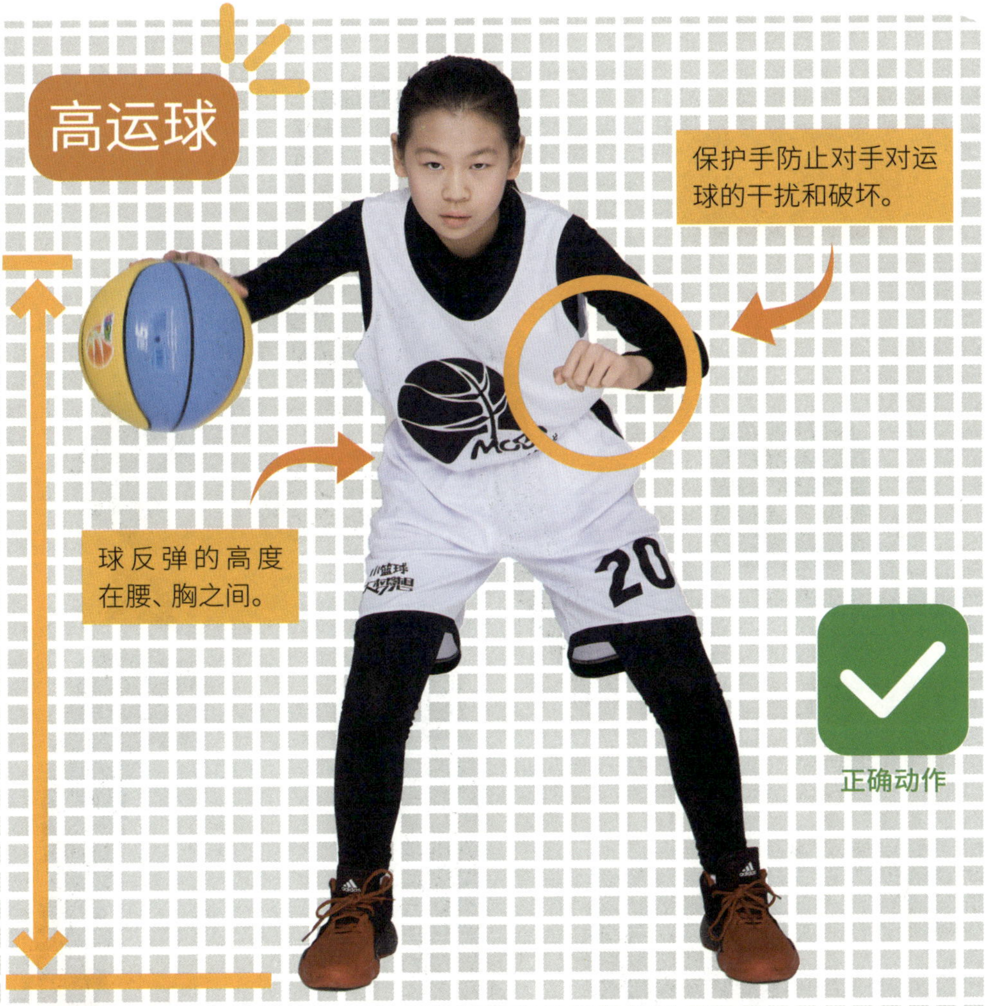

保护手防止对手对运球的干扰和破坏。

球反弹的高度在腰、胸之间。

正确动作

运用提示

高运球在比赛中运用比较广泛，常用于快攻运球推进，是一种实用性很强的技术。原地练习时，也可采用侧向站立姿势，强调身体、手臂护球的重要性。

扫描二维码
观看规范动作演示视频

低运球

正确动作

球反弹的高度在膝关节以下

运用提示

多运用于遇到防守队员贴身防守时,常用低运球突破紧逼防守或堵截。

错误动作
低头运球
未能观察前方

POINT 动作方法

低运球时双膝弯曲，重心降低，抬头看前方，运球以肘关节为轴，前臂发力，用手腕、手指力量去控制球，运球高度不要超过膝关节，以便更好地控制球和摆脱防守队员。

扫描二维码
观看规范动作演示视频

PART 3

①

POINT 动作方法

以从对手右侧突破为例：运球队员右手先向对手左侧运球，当对手向左移动后，运球队员突然向对手右侧变向，变向时用右手拍按球的右侧上方并靠近身体向左侧送拍球，使球落在身体的左侧前方，右脚迅速跨出，转体探肩，换到左手运球，加速突破。

运用提示

这是一种常用的利用运球方向的变化突破对手的运球方法。常用于当对手堵截运球前进的路线时，突然向左或右侧改变运球方向，摆脱防守队员。

②

以低于膝关节的高度将球运向另一只手。

扫描二维码
观看规范动作演示视频

体前变向运球技术动作规范

运球技术动作规范

③ 肘部打开,防止对手对球的干扰和破坏。

快速加速,突破防守对手。

④

PART 3

运球技术动作规范

胯下运球技术动作规范

POINT 动作方法

以右手运球为例：先向右侧运球，重心降低，右脚突然制动，右手按拍球的右前上方，用手将球从胯下击地而过，同时右脚向左前方跨出，上体左转探肩，换到左手运球，右手上抬护球，加速摆脱。

①

②

扫描二维码
观看规范动作演示视频

蹬地加速

运用提示

运球过程中,没有足够的空间进行体前变向,一般使用胯下变向运球来突破对手或与其他技术衔接。

PART 3 转身运球技术动作规范

运球技术动作规范

① ②

制动

POINT 动作方法

以右手运球为例：先向右侧运球，重心降低，左脚突然制动，以左脚为轴迅速向后转身，同时右手在空中把球拉到身体的右前侧，然后换左手运球，转体探肩，右手上抬护球，加速摆脱。

> **运用提示**
>
> 当对手逼近、贴身不能使用体前变向运球时，可迅速采用运球转身，来突破对手的防守，获得有利的进攻时机。

目视前方

探肩加速

换左手，推放球加速。

扫描二维码
观看规范动作演示视频

PART 3 运球技术动作规范

背后运球技术动作规范

POINT 动作方法

以右手运球为例：先向右侧运球，重心降低，右脚突然制动，右手按拍球的右前上方，用手将球从背后击地而过。

扫描二维码
观看规范动作演示视频

③ 右脚制动

运用提示

持球进攻遇防守人贴身防守时，没有足够的空间进行体前和胯下变向，可以利用背后运球改变突破方向来摆脱对手。优点是：面对防守队员，便于观察和运球。

④ 换左手运球

POINT 动作方法

转到左手运球，右脚向左前方跨出，上体左转探肩，右手上抬护球，加速摆脱。

MINI
BASKE

第 **4** 章

小篮球运动基础传接球技术动作规范

PART 4

传接球技术动作规范

双手胸前传球技术动作规范

① 两膝微屈,双手持球于胸前。

② 蹬地发力

扫描二维码
观看规范动作演示视频

手臂快速伸直

传球后手外翻

③

④

向前迈出

POINT 动作方法

双手持球于胸前，肘关节自然下垂，不外展。两膝微屈，两脚前后开立。上身挺直，重心在两脚之间，眼睛注视传球目标。传球时，后脚蹬地发力，重心前移，上身稍前倾，前臂迅速向传球方向伸出，球出手后，两手略外翻，拇指向下，食指及中指用力拨球。

手指自然分开，大拇指相对呈八字形，指根以上部位触球，手心空出。

两膝微屈，重心降低，抬头平视。

运用提示

这是比赛中最常用的传球手段之一。传球快速有力，可在不同方向、不同距离中使用，而且便于和各种假动作以及投篮、突破等动作结合运用。

大拇指下压，手臂内旋。

POINT 动作方法

出球后，两手自然向传球方向伸展，掌心向外，拇指向下，其余四指指向目标。

双手
胸前传球

双手头上传球技术动作规范

PART 4 传接球技术动作规范

目视前方

手肘向前,腕内旋。球至脑后,将球向前传出。

①

②

跨步

扫描二维码
观看规范动作演示视频

POINT 动作方法

双手持球于头上方，持球的两侧，肘部微屈，不要外展。向传球方向跨步的同时手腕稍向内旋转，将球移至脑后，下肢蹬地腰腹发力，手臂向前鞭打，手腕前扣并外翻，同时拇指、食指、中指用力拨球，将球传出。

手臂向前鞭打，手腕前扣外翻，拇指、食指、中指用力拨球。

运用提示

常用于中、远距离传球，如抢篮板球后的传球，也常用于防守队员较矮或外线队员向内线高吊球时使用。

蹬地发力

双手击地传球技术动作规范

PART 4 传接球技术动作规范

肘向下,双手持球,眼睛平视。

①

POINT 动作方法

双手持球于胸前,肘关节自然下垂,两膝微屈,上身稍前倾,重心在两脚之间。传球时,上身稍前倾,前臂迅速向传球方向伸出,手心从内翻向外,手指向下发力,使球碰地板反弹后,到达接球队员的胸腹位置。

运用提示

通过击地传球从防守队员的手臂下方将球传到队友手中，具有传球点低、穿透能力强、隐蔽性强等特点。在实战中与单手胸前、单手体侧等结合使用。

手臂快速伸直

双脚平行或前后站立

朝着击地点方向传球

扫描二维码
观看规范动作演示视频

PART 4

双手击地传球

上体前倾

运用提示

击地位置一般位于传球人到接球人之间距离的 2/3 处。

运用提示

让球通过击地，利用地面反弹给接球队员，通常用于外线向内线传球时。一般在实战中，单手体侧击地传球运用较多，常与上步和交叉步结合使用，提高传球的攻击性。

手指自然分开，两拇指呈八字形，接球后后引缓冲。

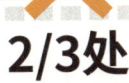

2/3处

POINT 动作方法

以右手为例：保持"三威胁"姿势，右手持球的后方，左手扶球的左侧，持球于胸前，双脚自然开立。传球时，身体稍左转，右臂迅速前伸、屈腕，同时手指拨球，将球传出。

腰腹发力，手臂迅速前伸。

膝关节弯曲

单手胸前传球技术动作规范

传接球技术动作规范

右臂迅速前伸、屈腕，手指拨球。

运用提示

一般运用近距离或通过防守向内线传球，其动作幅度小，隐蔽性强，传球速度快。

③

扫描二维码
观看规范动作演示视频

PART 4

①

手腕翻转，腕指有力。

③

手臂展开，摆动快，幅度小。

②

右脚向侧前方跨出

POINT 动作方法

以右手传球为例：重心降低，单手引球于右体侧，持球手同侧脚向侧前方迈出，上体同时向传球手方向移动，手臂打开，手腕前屈，用食指和中指拨球，使球从防守队员的体侧空当穿过。

POINT 动作方法

这是一种隐蔽性较强的传球方法，少儿由于上肢力量不足，一般要借助迈步，有利于传球时的发力。

扫描二维码
观看规范动作演示视频

单手体侧传球技术动作规范

传接球技术动作规范

手腕前屈，食指、中指拨球。

运用提示

主要运用近距离外线向内线传球，从防守队员身体的一侧将球传出。传球前，上体反方向虚晃效果更佳。

单手肩上传球技术动作规范

传接球技术动作规范

PART 4

右手托球,引球于右肩上方,肘部外展,手腕后仰。

①

②

扫描二维码
观看规范动作演示视频

POINT 动作方法

以右手传球为例：双手举球在右肩上方，右手持球的后侧，左肩对着传球方向，重心落在后脚上。右脚蹬地，转体，上臂带动前臂往前做鞭打动作，手臂打开，手腕前屈，用食指和中指拨球。常用于中远距离传球，具有力量大、速度快等特点。

手臂打开

手臂向前做鞭打动作，手腕下压，手指拨球。

运用提示

这种传球力量大，飞行速度快，常用于中远距离传球，例如抢到后场篮板球发动快攻的长传等。

67

POINT 动作方法

两眼注视来球,膝关节微屈,两手臂前伸迎球,手指张开,掌心朝前,呈"漏斗"形。两手触球后屈臂缓冲,持球于胸腹之间。

接球缓冲

接球手手指自然分开,掌心朝前。

扫描二维码
观看规范动作演示视频

双手接球技术动作规范

传接球技术动作规范

运用提示

一般用于接胸前部位的来球,便于做投篮、突破和传球的准备。双手胸前接球常与跨步接球和跳步接球等脚步动作相结合。

4

5

持球于胸前

单手接球技术动作规范

传接球技术动作规范

POINT 动作方法

以右手为例：手指张开，掌心朝前，伸臂迎球，两眼注视来球。手触球后，手臂顺势将球向胸前引，双手收球于胸腹之间。

收于胸腹之间

触球手顺势快速后引、收球，另一手护球。

运用提示

一般常用于内线队员，背对或侧对球篮。防守队员在身后或侧后时采用的一种方法。该方法控制范围大，可接不同方向的来球。

扫描二维码
观看规范动作演示视频

MINI
BASKET

第 5 章

小篮球运动基础投篮技术动作规范

PART 5 投篮技术动作规范

原地双手胸前投篮技术动作规范

POINT 动作方法

双手持球于胸前，肘关节自然下垂，上体稍前倾，两膝微屈，重心在两脚之间，目视球篮。投篮时，两脚蹬地，腰腹伸展，两臂上伸，拇指向前压送，两手腕同时外翻，指端拨球，用拇指、食指、中指将球投出，腿、腰、臂自然伸直。

上体稍前倾

双膝微屈

重心在双脚之间

①

扫描二维码
观看规范动作演示视频

PART 5

正面

侧面

② 原地双手胸前投篮

PART 5 原地单手肩上投篮技术动作规范

投篮技术动作规范

约90°直角

POINT 动作方法

以右手投篮为例：由"三威胁"开始，将球引至头或右肩前上方，右臂屈肘，肘关节稍内收，上臂与肩关节约成水平，前臂与上臂大约成 90°。右手五指自然张开，手腕后屈，掌心空出，用手掌外缘和指根以上部位托住球的后下方，左手扶球的左侧。目视瞄篮点，下肢蹬地发力，手臂向前上方伸展，食指和中指用力拨球，手腕下压，将球投出。球出手后右手应有自然跟随动作，保持手臂充分伸展。

扫描二维码
观看规范动作演示视频

PART 5

原地单手肩上投篮

正确动作

运用提示

原地单手肩上投篮是最基本的投篮方法，是行进间投篮和跳起投篮技术的基础，是比赛中常用的投篮方法。

错误动作
举球位置过于靠后

错误动作
肘部过度外展

扫描二维码
观看规范动作演示视频

行进间高手投篮技术动作规范

PART 5 投篮技术动作规范

正面

沿身体右侧向上举球

③

左脚跨一小步,蹬地跳起充分。

侧面

右脚向前迈一大步时，收球并护球。

POINT 动作方法

以右手投篮为例：行进间右脚跨出一大步时快速收球，接着左脚跨出一小步并用力蹬地跳起，右腿屈膝上抬，同时双手向上方举球，上体稍后仰，腾空后，右臂向前上方伸展，腕指动作同原地单手投篮动作方法。

扫描二维码
观看规范动作演示视频

PART 5

行进间单手高手投篮

✅ 正确动作

❌ 错误动作
手臂上抬不够，
出手点过低

伸臂拨球

POINT 动作方法

将球举至右肩上方,当身体接近最高点时,右臂向前上方伸出,手腕前翻,食指、中指拨球,通过指端将球投出,两脚同时落地,两腿弯曲,以缓冲落地力量。

屈膝上抬

起跳充分,身体接近最高点时出手。

扫描二维码
观看规范动作演示视频

PART 5 投篮技术动作规范

行进间低手投篮技术动作规范

运用提示

这种投篮方法多运用于快速跑动中超越对手，并接近篮下时。具有速度快，投篮稳定，伸展距离远，命中率高的特点。

④

⑤

充分起跳

手臂向前伸展

3　2　1

迈大步伐

下蹲蓄力

POINT 动作方法

以右手投篮为例：行进间，右脚向前跨出一大步的同时双手接球，并用身体护球，接着左脚跨一小步并用力向前上方跳起，右腿抬起，右手掌心向上托球，左手护球。当身体接近最高点时，右手手臂伸直，手腕上挑，使球由食、中指指端柔和地投出。投碰板球时，要注意控制球的旋转。

扫描二维码
观看规范动作演示视频

PART 5

跳投技术动作规范

投篮技术动作规范

双手持球于胸腹之间

两膝微屈,眼睛注视瞄准点。

重心落在两脚之间

扫描二维码
观看规范动作演示视频

88

右臂伸直

POINT 动作方法

以右手投篮为例：投篮时两脚用力蹬地向上充分跳起，双手举球至同侧头或肩的前上方，右手持球，左手扶于左侧。当身体接近最高点时，左手离球，右臂向前上方伸直，食指、中指拨球，手腕前屈，通过指端将球投出。

侧面

用力蹬地跳起

PART 5

跳投投篮

运用提示

跳投具有突然性强、出手点高和不易防守的特点，是现代篮球运动中主要的得分手段。和突破、传球及其他假动作结合运用，威力更大。可在原地或行进间急停，面向或背向球篮时完成跳起投篮。

正面

①  ②

MINI
BASKE

第 6 章

小篮球运动基础突破技术动作规范

原地交叉步持球突破技术动作规范

突破技术动作规范

PART 6

保持低重心

①

运用提示

以右脚做中枢脚突破为例：一般运用于持球队员面对防守队员，防守队员重心偏向右侧，且离防守队员距离较近时，持球队员利用交叉步移动，快速运球突破对手的一种突破方法。

POINT 动作方法

以右脚做中枢脚为例：两脚左右开立，略宽于肩。屈膝降重心，脚尖朝前，重心落在两脚之间。双手持球于胸腹之间，上体稍前倾。突破时，左脚前脚掌内侧用力蹬地，同时上体右转，左肩压向右前，身体前倾，重心前移，接着左脚跨向右前，贴身对手，球引至右手，向左脚前方推放球，中枢脚迅速用力蹬地，加速运球摆脱对手。

做向左突破假动作

扫描二维码
观看规范动作演示视频

PART 6

原地交叉步持球突破

用力运球,迅速超越。

6

运用提示

当持球队员距离对手较近或利用假动作诱使防守位置发生变化时，可采用此方法突破对手。

快速推放球

原地顺步持球突破技术动作规范

突破技术动作规范

POINT 动作方法

顺步持球突破也称为同侧步持球突破。以左脚做中枢脚为例：突破前，两脚左右开立稍大于肩，两膝微屈重心在两脚之间，持球于胸腹前。突破时，左脚前脚掌内侧蹬地，右脚迅速向防守队员左侧方迈出，脚尖向前，上体稍转，重心前移，右手放球于右脚前侧方，左脚迅速蹬地跨向右前方，加速运球超越防守队员。

探肩护球，重心前移。

④

运用提示

以左脚做中枢脚突破为例：一般运用于防守队员重心偏向右侧或对手麻痹时，持球队员利用顺步突然起动，超越对手。

紧贴防守，快速推放球。

⑤

扫描二维码
观看规范动作演示视频

MINI
BASKET

第 7 章

小篮球运动基础抢篮板球技术动作规范

PART 7

运用提示

比赛中抢篮板球是获得控制球权的重要手段,是攻守转换的关键。防守队员争抢对方投篮未中,从篮板或球篮反弹回来的球,通称为抢防守篮板球。防守篮板球一般同一传、运球突破等进攻技术动作相结合。

两肘外展,背部挺直。

屈膝,降低重心。

起跳充分,抢球迅速。抢球时,可结合单手、双手或单手点拨、挑等技术动作。单手抢比双手抢控制点要高,但稳定性和牢固性不及双手。

抢防守篮板球技术动作规范

POINT 动作方法

在对方投篮出手后,根据对手位置情况,立即抢占有利位置,通过转身、挡靠将自己的防守人挡在身后,眼睛注视球的方向,判断好时机,然后借助跨步或助跑起跳获得篮板球,落地后注意保护球。抢防守篮板时,要突出一个"挡"字。

③

扫描二维码
观看规范动作演示视频

PART 7

POINT 动作方法

同伴投篮出手后,面对防守队员的干扰,靠近篮下的进攻队员及时判断球的反弹方向,同时借助假动作虚晃,绕、跨、挤等冲到防守队员的身前,抓准起跳时机利用跨步或助跑起跳获得篮板球或直接补篮。落地时,两膝弯曲,重心在两脚之间,两肘外展,将球置于胸腹之间,高大队员可将球置于头上,以便于衔接其他进攻技术。抢前场篮板球要突出一个"冲"字。

绕前摆脱

① ②

运用提示

争抢本队投篮未中的球,抢进攻篮板球时要准确判断,迂回起动,抢占有利位置,及时起跳,抢球要狠、准。树立每球必抢、每球必争的拼抢作风。

抢进攻篮板球技术动作规范

抢篮板球技术动作规范

③ 跨步抢位

扫描二维码
观看规范动作演示视频

PART 7

抢进攻篮板球

④ 通过卡位、挤靠抢占有利位置。

⑤ 屈膝蓄力,手臂张开,准备起跳抢球。

起跳充分，手臂伸直，身体接近最高点时，双手或单手抢球，抢球后动作连贯。

⑥

⑦

运用提示

起跳获得篮板球后，落地时注意保护球，两臂弯曲，两肘外展，置于胸腹之间，高大队员也可把球置于头上，以便保护球。常与挑拨、补篮、传球等其他技术相结合。

小篮球 大梦想